NOTICE

SUR

GASTINE

(CAMILLE - AUGUSTE)

ARTISTE PEINTRE

Mort le 3 avril 1867

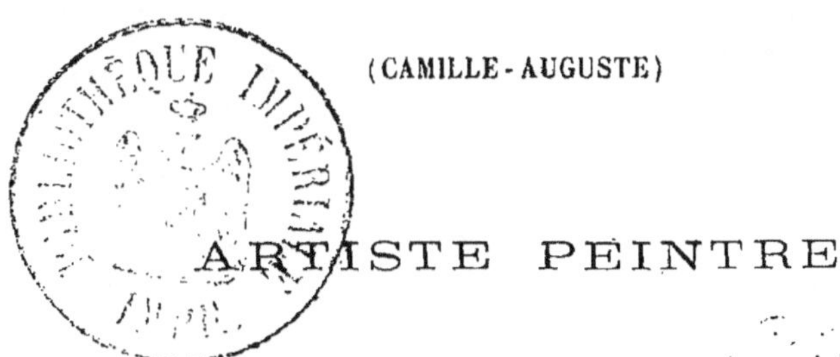

PARIS

IMPRIMERIE D'ÉDOUARD VERT

RUE NOTRE-DAME-DE-NAZARETH, 29.

—

1867

NOTICE

La mort vient de frapper inopinément un artiste, un peintre,
dont le talent s'était trouvé associé à des travaux d'une assez
grande importance pour lui mériter l'attention publique, si
notre époque permettait encore d'adjoindre au nom du
maître celui de l'élève ou du compagnon qui a secondé ses
travaux, noble solidarité dont les artistes anciens nous ont
laissé de si fréquents et de si glorieux exemples.

L'œuvre picturale de Saint-Germain-des-Prés, à laquelle
est lié désormais le nom d'Hippolyte Flandrin, a dû à C. A.
Gastine cette aide puissante que prêtaient à leurs maîtres les
Jules Romain et les Van Dick. Trop modeste pour s'affirmer
auprès d'un grand nom, il s'est toujours effacé, portant assez
haut l'amour de son art pour accepter le rôle d'aide et de
confident de la pensée près de l'artiste privilégié dans ses
travaux. C'est que la peinture monumentale, aux vastes pro-
portions, aux larges mouvements de forme et de draperies,
où peuvent s'exprimer à grands traits la passion profonde, et
la grandeur idéale était surtout le champ qui l'attirait, celui
où ses qualités se déployaient avec sûreté dans leur force et
dans leur plénitude.

C'est ainsi qu'il prit part, sur l'invitation de M. Savinien
Petit, son ami, à l'exécution de ses plans et de ses dessins
pour une chapelle au château de Broglie. Ce beau travail,
chef-d'œuvre de composition décorative et du goût le plus
sévère, révèle dans les nombreux sujets religieux qui forment
son ensemble, une foi sincère, un véritable dévouement aux
traditions de l'art catholique, à ce passé auquel se rattachent
tant de belles œuvres. Comme un parfum des croyances an-
tiques, on retrouve dans ces peintures cette simplicité, cette
pureté de formes qui sont un des attributs des premiers
temps de l'art chrétien. Aussi la pensée générale imprimée
à cet ensemble présente-t-elle quelque chose de saisissant.

Il a fallu une conviction, bien rare de nos jours, pour en-
fanter cette œuvre, qui fait penser à la crypte des catacombes
et à la chapelle des martyrs, aux premiers âges. Jamais, en
effet, cœurs plus chrétiens, jamais sympathies artistiques
ne s'étaient rencontrées à un plus haut degré que dans
ces deux amitiés qui se sont confondues dans un même
labeur. Le bonheur d'exécution a secondé la pensée première
dont M. le prince de Broglie avait été le généreux initiateur.
Cette chapelle, toute chrétienne, ne sera certes pas une des
pages les moins curieuses, les moins intéressantes de la
peinture de nós jours, au temps des luttes de Pie IX et de la
défaite de Castelfidardo.

Avec M. Savinien Petit encore et sur ses cartons, il aborda
les peintures de la chapelle de Saint-Joseph dans l'église
Saint-André, de Bordeaux, œuvre qui comporte trois compositions peintes sur le mur.

Depuis longtemps déjà, les aptitudes incontestables de
C.-A. Gastine pour la peinture historique et religieuse avaient
attiré l'attention de ceux des artistes, dont les longues et pé-
nibles études perpétuent seules parmi nous les traditions d'un
genre qui consacre le mieux les gloires d'un grand peuple
et les grandes pensées de la religion dans les édifices publics.
Lorsqu'il revint de Rome, bien pauvre, tout à fait inconnu,
Ingres ne craignit pas de le recommander au ministre de
l'intérieur comme un artiste capable et digne des encoura-
gements de l'édilité publique. On a vu quel aide il avait
apporté à Hyppolite Flandrin, venu à lui comme au seul
artiste qui pût le comprendre et le seconder.

Après la mort de ce grand peintre, ce fut aussi en raison
de la confiance qu'inspirait son talent que C.-A. Gastine dut
à une amitié généreuse, à une de ces sympathies rares par
le dévouement et l'exquise délicatesse, de rencontrer une nou-
velle série de ces travaux si chers à l'expansion de sa nature
artistique. L'heureux continuateur de l'œuvre de Saint-Germain-des-Prés, M. Sébastien Cornu, dont les magnifiques
cartons composés pour cette église ont réuni tous les suffrages,
l'avait associé à sa pensée, et il avait pu se croire encore à
côté du maître aimé qu'il regrettait, comme il savait le faire,

avec toutes les forces d'une âme aimante et contenue. Mais non content de cette promesse, M. Sébastien Cornu se l'était attaché pour son œuvre importante de la chapelle de l'Elysée. C'est à l'achèvement de ce dernier travail qu'une crise suprême du mal terrible auquel il avait résisté plusieurs fois, est venue l'enlever pour jamais à son avenir comme à l'affection de sa famille et de ses nombreux amis.

Perte cruelle! Il est frappé au moment où il avait enfin triomphé des plus grands obtacles que l'obscurité crée autour de l'artiste. Quelque temps encore, et le bonheur de se produire lui-même ne pouvait être refusé à son incontestable talent, mûri par le savoir et l'expérience.

Sans doute, bien des luttes lui étaient encore réservées à une époque où Bramante, omnipotant demanderait à Raphaël et à Michel Ange quelles médailles d'exposition ils ont à présenter pour pouvoir décorer un Vatican. Toute l'édilité devenue affaire d'architecte! La règle et le niveau prenant la mesure du peintre; le calcul et le fil aplomb appliqués au pinceau, à cette forme de la pensée, à ce monde immense et divers qui a nom la peinture, quelle dérision! et aussi quelle décadence! et combien s'éclaircissent les rangs de ceux qui peuvent exprimer dignement dans nos temples et dans nos édifices publics ce qu'il peut y avoir de grandeur plastique dans la nature humaine! Que d'erreurs! que de pages déplorables à refaire dans les édifices religieux, dans les monuments historiques de notre époque!

Mais que lui importait la lutte à cet artiste plein de conviction et tout rempli de la passion de son art! Pourtant il avait vu dénigrer le Saint-Symphorien et son auteur. L'esprit du temps lui criait : Abandonne cette voie! Elle consume l'artiste en efforts, en études, en savoir qu'elle exige de lui; elle ne paie plus en richesses, elle ne paie même plus en gloire; l'insulte et le dédain systématiques, voilà ce qu'on obtient d'un public indifférent aux traditions religieuses; en suivant cette trace, la peine, l'obscurité, la pauvreté seront ton seul patrimoine. La fantaisie, l'audace, le caprice, la main facile, pour dimension le chevalet, tel est le bon chemin, la véritable source où peut s'abreuver l'artiste en biens et en réputation.

Ces cris ne pouvaient le détourner de sa route et son infatigable ardeur creusait de plus en plus le sillon qu'il s'était ouvert par son intelligence et son patient labeur dans la peinture monumentale. C'est dans l'atelier de M. Auguste Hesse, son maître et plus tard son ami, qu'il avait puisé cet amour profond pour la forme la plus élevée de son art, cet amour, son seul soutien dans une position précaire, qu'il supportait avec la robuste vaillance de la conviction. Près de ce maître vénéré, plein de savoir et d'une incontestable supériorité, ce sentiment s'était développé avec force en le suivant dans ses nombreux travaux à Notre-Dame-de-Lorette, à Sainte-Elisabeth, à Notre-Dame-de-Bonne-Nouvelle, etc. Il avait rencontré là d'autres talents, d'autres intelligences qu'il savait admirer et apprécier, et sa conviction avait grandi en se fortifiant d'heureux exemples.

Il ne voyait pas, il ne voulait pas voir que ces maîtres devaient à une autre époque d'avoir pu continuer dans la peinture les grandes traditions chrétiennes de la forme, la puissante religion du souvenir. Il n'entendait pas, ne comprenait pas cette critique du jour si commode et si nulle, cette accusation de *ponsif* que la banalité, l'habitude du goût public affectent de jeter à ce qu'elles ne peuvent plus comprendre. Il croyait que la nature est l'éternel *ponsif* d'elle-même, qu'elle renaît sans cesse pour reproduire la même forme; mais que l'artiste doit en saisir les contrastes et les harmonies pour en composer, en créer à l'infini de nouvelles combinaisons, de nouvelles expressions du sentiment et de l'intelligence. Sa conviction était qu'entre l'Assomption de Raphaël et celle de Murillo, il y avait toujours place pour de nouvelles créations sur le même sujet et par les mêmes moyens de la forme, de la couleur et du sentiment.

Sa fermeté, sa dignité de caractère, son dévouement à l'esthétique qu'il s'était formée, ne permirent jamais aux besoins incessants d'une position sans lendemain, de le détourner un seul instant de sa voie, de le décourager, ni de l'abattre. Il ne lui vint même pas à l'idée de chercher, dans une renommée anticipée, les avantages de la réputation et du

bien-être en sacrifiant au goût du jour. Jusque dans les travaux accessoires qu'il aborda, on retrouve une préoccupa-
tion du style et de la forme qui donnent à son travail un caractère particulier. Il lui suffisait, en effet de pratiquer ce
qu'il admirait le plus dans son art, les développements du
caractère, des passions, les splendeurs du type humain; l'estime et l'amitié de ceux dont il secondait les travaux le
payaient de ses efforts et compensaient bien au delà, pour
lui, la stérilité du travail.

C'est ainsi que pour suivre son inclination, sur la proposi-
tion d'un industriel, il accepta de peindre à demeure et de
composer des vitraux. M. Mauvernay, fabricant à Saint-
Galmier (Loire) l'attira près de lui; mais l'industrialisme
lui réservait de cruelles déceptions, et il dut supporter dans
cette fabrique les déboires du *sic vos non vobis* de Virgile; il
composa et peignit : M. Mauvernay signa.

Qu'importe ! il compose et il peint le vitrail représentant
Saint Michel, de l'église de Saint-Etienne (Loire), la grande
rosace des douze Apôtres et un Christ avec douze Chéru-
bins rayonnants pour la cathédrale de Lodève (Hérault). Il
compose et il peint un Saint Michel et un Saint Etienne,
martyr, pour Saint-Laurent-sur-Rochefort; pour Chazelles-
lès-Lyon, une figure de Christ ressuscitant, et un Melchisedech
et Abraham se rencontrant, vitraux faisant pendant à la Cène
dans cette église.

Il compose et il peint une Assomption de la Vierge, Sainte
Anne, Saint Henri, Sainte Victoire, Sainte Elizabeth, Joachim,
la Vierge, un David, un Christ dont il ignore la destination.

Il compose encore et il peint une rosace pour Béziers : la
Vocation de Saint Jacques et de Saint Jean ; pour Montant
près Saint-Etienne (Loire), un Saint Antoine et un Saint
Claude; pour Saint Albain, près Châlon-sur Saône, un Saint
Albain et une Présentation de la Vierge au Temple.

Pour Béziers encore, il compose et il peint Sainte Philomèle
et un *Mater Dolorosa.*

Pour la Guillotière, près Lyon, il compose et il peint une
Assomption de la Vierge.

C'est en dix-huit mois qu'il accomplit tous ces travaux,

tout en exécutant aussi d'autres cartons de M. Raymond Balze, son ami, pour la cathédrale de Béziers.

Mais enfin, sa patience était à bout, et il renonce à se laisser ainsi exploiter sans profit et sans nom, loin du centre des Arts et des idées. Il quitte Saint-Galmier, plus pauvre qu'il n'y était arrivé.

A son retour, il composa encore de nouveaux cartons pour diverses Fabriques : l'Education de la Vierge, la Mort de Saint Joseph, Jésus donnant les clefs à saint Pierre, quatre Evangélistes, la Foi, l'Espérance et la Charité, etc. Une merveilleuse entente de la composition appropriée à ce genre de travail distingue tous ces cartons.

Cependant, à Paris même, l'inexorable nécessité vient encore lui imposer son joug. L'établissement des Gobelins lui avait demandé, à son départ pour un voyage à Rome, quelques spécimens de ces peintures qui ornent et entourent les loges de Raphaël au Vatican. Il accomplit ce travail avec une grande habileté, et eut ensuite occasion d'étudier à leur source les fresques de Pompéï.

Fort de ces études, il accepta divers travaux de ce genre pour compte d'un entrepreneur, dont la personnalité intéressée ne pouvait laisser place au nom de l'artiste dont il utilisait le talent à son propre avantage, se donnant pour peintre sans avoir jamais tenu un pinceau.

C'est ainsi que la maison de Diomède, avenue Montaigne, lui doit ces détails ingénieux qui, dans la salle consacrée aux repas, font revivre d'une manière saisissante les peintures grecques et romaines que le monument avait pour but de rappeler. Dans l'atrium, dans la bibliothèque, dans le salon, il sema à profusion une foule de motifs dont le goût et l'exécution contribuent puissamment à l'ensemble décoratif de cette œuvre toute de réminiscence. La composition qui fait pendant à la déesse Panthée est aussi tout entière de lui.

Déjà sa main avait auparavant développé, à l'Ecole des Beaux-Arts, sous la direction de M. Duban, ces accessoires décoratifs dans lesquels excella Jean d'Udine, et qui entourent les belles copies de loges de Raphaël, par MM. Balze.

Chez M Fould, il peignit dans son cabinet de travail, en

camaïeu rehaussé d'or, trois petits enfants : la Méditation, la Contemplation et un petit Génie répandant des fleurs.

Toujours pour le même entrepreneur, il exécuta chez M. Piot, rue de Rivoli, diverses décorations pompéïennes.

A l'hôtel Granger, aux Champs-Elysées, il entreprend la décoration d'un théâtre pompéïen, dont il entend faire un éloge complet à l'inauguration.

Le Bruel, près Orléans, château du comte Murat, lui doit aussi une décoration composée de quatre figures de femmes et six figures d'enfant, et de divers attributs.

A l'hôtel Pereire, il fut appelé à exécuter quatre grands médaillons dans la salle à manger ; mais sous la direction, cette fois, de M. Denouelle, architecte ; travail dont il n'eut qu'à se louer.

Il eut encore à peindre dans la cour du Mûrier, à l'Ecole des Beaux-Arts, des figures et des attributs, et au Palais-Royal, chez le prince Napoléon, une décoration pompéïenne.

Chez M. Maillet, avenue Montaigne, il peignit un petite loge pompéïenne, et chez M. Lerolle, chaussée des Minimes, une très belle figure : la Danseuse de Pompéï.

On dût même recourir à lui, après plusieurs essais infructueux, pour obtenir une décoration dans les salles du Musée d'Amiens qui pût s'harmoniser avec le caractère du monument et encadrer les grandes pages de M. Puvis de Chavannes.

Ce fut son dernier travail de ce genre : l'aimable entrepreneur rompit tout à coup avec lui, en lui prodiguant force injures, sous prétexte qu'il voulait lui enlever ses travaux. O spéculation ! ô spéculateurs ! quel mépris il ressentit pour vous !

Cependant, l'hôtel du duc de Galiéra lui doit la décoration entière d'un vestibule où se révèle ce goût et cette harmonie de composition qu'il avait puisées aux belles sources du Vatican et de Pompéï. Il remplit admirablement le programme qui lui était tracé pour ce travail : un ensemble rappelant la décoration des palais italiens. C'est à la bienveillance de M. Duban, qu'il dut ce modeste travail, dignement rétribué, où il eut du moins toute sa liberté de composition et d'exécution, et qu'il put signer. Quelle reconnaissance il en gardait à cet excellent homme !

Telle était, du reste, sa réputation dans ce genre de travaux, que l'Académie des Beaux-Arts lui décerna un prix de 500 francs, comme à l'artiste peintre qui avait le plus contribué par le savoir et le talent aux travaux accessoires de peinture décorative dans nos monuments publics.

Cette part, ce sacrifice, qu'il dut faire beaucoup trop large aux nécessités de la vie, devait peser sur sa réputation, à une époque où le dénigrement est une des formes de la rivalité. Que pouvait-il être aux yeux des artistes en renom, qu'un simple décorateur, eux pour qui la perspective et ses lois, le savoir et l'harmonie d'une composition sont l'objet d'un profond dédain? Cette opinion fausse que quelques-uns formulaient à son égard ne lui échappait pas ; il en savait les conséquences, quoique son talent ne perdît aucune de ses qualités par ces peintures ; mais il savait aussi que le temps et la persévérance triomphent des jugements intéressés que formulent souvent les rivaux et remettent tout à leur place.

Dans les intervalles que lui accordaient comme une trève ces travaux dont les résultats étaient si ingrats pour son avenir, il peignit divers tableaux qui tous témoignent de la force de ses études.

Avant cette époque, dès 1844, il avait fait admettre au Salon, une Sainte-Famille, tableau dont la dimension exiguë n'était qu'un essai un peu timide, mais qui réunissait deux qualités, celle de la forme et celle du sentiment.

Bientôt divers travaux l'appelèrent pour plusieurs années en Italie, et son séjour à Rome fortifia en lui le goût de cette peinture décorative des monuments publics que les maîtres italiens ont portée à une si grande hauteur.

En 1848, il fut admis au concours pour la figure de la République. Son esquisse d'un faire large et harmonieux, bien que l'ensemble en soit un peu juvénile et plus idéal que ne le comporte son sujet, n'en révèle pas moins déjà une grande facilité et beaucoup de savoir ; dans la figure du personnage respire une sorte de fierté forte et calme, parfaitement indiquée. Ce concours fut annulé.

A l'Exposition de 1849, figurèrent, de lui, une *Sainte-Geneviève*, et sous ce titre : *Une Conférence*, la réunion du clergé de Fontainebleau. Le premier de ces tableaux possède de grandes qualités : elles complètent celles qu'indiquait son esquisse précédente, facilité d'exécution, expression juvénile, mais qui ne manque pas d'élévation. Pour la *Conférence*, simples portraits d'une fidélité scrupuleuse, l'effet général produit par les costumes noirs formait des contrastes trop heurtés et nuisit auprès des visiteurs aux qualités qu'il y déploya.

Un nouveau voyage à Rome l'ayant encore éloigné de Paris, il n'y revint que pour se fortifier par de nouvelles études, car il était dans sa nature de toujours douter de lui-même et de chercher toujours à acquérir de nouvelles forces.

Ce n'est qu'à son retour de Saint-Galmier qu'il se sentit plus ferme et plus sûr de son talent. Après avoir peint en buste un Saint Ignace et un Saint François pour les Missions-Étrangères, il fit paraître à l'Exposition de 1855 (Exposition universelle) sa Sainte Catherine d'Alexandrie, figure de grandeur naturelle, qui révèle enfin la plénitude de son savoir, la pureté de son goût dans la forme et dans l'expression. Il réunit dans cette composition l'ampleur d'exécution et la sûreté de main, qualités indispensables du peintre d'histoire profane et religieuse, qualités qu'il mettra, comme on l'a vu, au service de toute œuvre entreprise dans les données de cette tradition qui fait la plus solide gloire de la peinture moderne.

Il composa ensuite, sur la demande expresse de M. Bouchot (de Besançon), sous la direction de M. de Montalembert, et un tableau, le *Noli me tangere*, dans le genre de Da Fiesole. Cette œuvre de réminiscence obtint tous les suffrages des artistes qui en prirent connaissance; on ne pouvait porter plus loin l'expression et le sentiment qui font tout le mérite de ces ouvriers de la première heure.

L'Exposition de 1859 admit son tableau de *Saint Jérôme instruisant Sainte Paule et Sainte Eustochia*. Cette œuvre est peinte en pleine lumière, sans aucun empâtement, avec une franchise d'exécution remarquable : nul effet de repoussoir n'y est ménagé, tout est franc dans la pose et l'expression; Flandrin, lui-même, devant cette peinture, ne put s'empêcher de la considérer comme une hardiesse. L'artiste seul, qui connaît les difficultés et les ressources de son art peut apprécier la valeur d'exécution d'une semblable composition. Le caractère de placidité qui domine dans l'expression des trois personnages est exempt de toute vulgarité, de toute banalité, et comme elle est bien le résultat de la pensée franche et volontaire de l'artiste, cette expression est empreinte d'un caractère élevé et véritablement chrétien.

Ce tableau, tout en subissant l'indifférence de ce temps pour la grande peinture, et surtout pour la peinture religieuse, fut néanmoins remarqué. *Le Monde illustré* et *l'Univers religieux* lui consacrèrent des articles, l'un de M. Arsène Houssaye, l'autre de M. Claudius Lavergne.

A l'Exposition de 1861, il fit admettre un portrait de femme et deux portraits d'enfants, fruits de ses loisirs ; ces portraits se distinguent par cette touche franche et vigoureuse, cette fermeté de dessin qui forment le fond de son talent. La couleur, comme tout ce qui procède de cette manière de peindre, est restée nette et lumineuse, pleine de chaleur, sans exagération de tons.

Il a semé beaucoup d'autres portraits dans différentes Expositions qui, pour n'avoir pas été remarqués, n'en présentent pas moins de semblables qualités, et témoignent des progrès incessants de son pinceau ; toujours plus ou moins heureux dans ce genre de peinture, son talent n'a jamais subi de défaillance.

L'Exposition de 1863 reçut de lui deux tableaux : l'un, la Nativité de la Vierge, exécuté l'année précédente sur la demande de M. de Montalembert, pour l'église de l'Ile-sur-le-Doubs, et l'autre, Jésus à Nazareth, commandé par le Ministère de l'Intérieur.

Il obtint à cette Exposition une mention honorable pour les deux tableaux. Ces deux compositions, entièrement différentes de son Saint Jérôme, remplissent les conditions d'effet nécessaires pour mettre une œuvre à la portée de tous. Le sentiment religieux y est profondément exprimé ; le coloris plus vigoureusement accentué que dans ses œuvres précédentes ; mais obéissant avant tout à la tranquillité du

sujet, il n'a rien fait pour attirer le regard par les exagéra-
tions de la pose ou l'étrangeté des attitudes.

A cette époque, il composa encore pour M. Ruyneau de
de Saint-Georges, deux toiles représentant, l'une, l'Ange et
Tobie, et l'autre Eliezer et Rebecca.

Mais de cette année date le désarroi de l'Ecole des Beaux-
Arts. Les Vénus Baudry et Cabanel obtiennent les faveurs
princières ; la foule des peintres se précipite dans la voie des
nudités plus ou moins réussies, et le décret du 15 novembre
disloque enfin des institutions consacrées par deux siècles,
et dont la forme avait résisté à tous les changements de ré-
gimes : les appétits d'innombrables amours-propres et les
rancunes d'un favori sont satisfaits d'un même coup. Plus
d'enseignement, plus de principes ; foin de la science, plus
de goût, plus de règles : qu'on se méfie de la tradition, et
que chacun s'en remette au hasard de la fantaisie et de
l'excentricité : la vogue du jour, on la couronnera.

L'enseignement est enlevé à l'Institut pour être remis entre
les mains de trois professeurs qui se détachent de ce corps
recruté parmi les plus méritants. Destiné à maintenir et à
rappeler, par l'exemple comme par les conseils, la tradition
des œuvres de peinture dignes de la grandeur d'un peuple,
l'Institut n'est plus dès lors qu'un hochet appartenant à
la vanité influente qui considère du même œil Wateau et
Raphaël, Teniers et Rubens, l'infiniment petit et l'infiniment
grand, l'imitation terre à terre de la nature et de l'invention,
la conception intellectuelle de la grandeur dans le style unie à
la vérité. C.-A. Gastine voyait, du reste, la raison de ce désarroi
dans le nombre toujours croissant des vanités artistiques ;
l'Académie qui recrutait à grand peine autrefois les douze
logistes aspirant chaque année au grand prix, comptait, depuis trente ans, par milliers les élèves au concours d'esquisse.
Après tant d'années d'incessantes attaques, battu par le flot
montant, l'édifice dut crouler. L'élection d'un peintre de
genre ouvrit la brèche et tout céda.

Dès ce moment, C.-A. Gastine comprit que la faveur publique devait se détourner de plus en plus des croyances qui
formaient le fond de sa foi artistique. Il ne lui restait plus

qu'à se replier sur lui-même et à attendre que l'abaissement provoqué par les appétits de la multitude fît comprendre à quelle funeste erreur on avait cédé en admettant la confusion des genres, en cessant d'appeler l'attention publique sur ce qui est grand pour la laisser s'égarer sur ce qui plaît et amuse. Il pensait avec beaucoup de justesse que la décadence incontestable du goût, la dépravation de la peinture au niveau de l'industrialisme devaient en peu de temps provoquer une inévitable réaction, et il se résigna à poursuivre sa route sans plus rien attendre de l'opinion publique. Se porter partout où l'appellerait la grande peinture, celle qui est capable de s'harmoniser avec les monuments d'un grand peuple, digne de faire partie de ses gloires, était désormais le seul rôle qu'il pût rechercher. A partir de ce moment, nos Expositions publiques furent pour lui sans intérêt. Il chercha seulement, dans les trois dernières, de nouveaux signes des temps, et il vit se réaliser chez les meilleurs les relâchements et les défaillances qu'il avait prévus.

Mais surtout si son œuvre picturale est peu nombreuse, s'il a plus produit pour d'autres que pour lui-même, s'il a moins cherché la réputation que le travail, s'il a plus pratiqué que créé, c'est aussi que l'homme de cœur qui doublait chez lui l'artiste, ne lui permettait pas d'entreprendre au hasard une composition capitale, dont il ne pût faire par lui-même les frais. Sa profonde admiration pour les grandes œuvres de la peinture, ses aspirations vers la forme la plus élevée de son art, venaient d'ailleurs augmenter une timidité naturelle qui a longtemps influé sur la forme de son talent. Il ne se sentait à l'aise, il ne se livrait à l'expansion généreuse de sa nature qu'en traçant à grands traits les passions et les caractères par l'attitude et l'expression. Le cadre étroit d'une toile de médiocre grandeur semblait restreindre ses facultés; la nécessité d'accentuer le mouvement dans une grande page le portait, au contraire, à tout oser, à combiner largement les effets, à s'élever dans ses conceptions. Etait-il restreint par les dimensions, il craignait de pécher par excès d'audace, d'exprimer avec exagération, de trop donner à la fougue, de s'abandonner, en un mot. A l'inverse du peintre de l'in-

finiment petit qui perd toutes ses qualités en élargissant
son cadre, il semblait s'amoindrir avec les dimensions res-
treintes. Il eût fallu encore quelque temps d'épreuves sur
ces murs dont il allait continuer la splendeur sous l'inspira-
tion de son nouveau maître et ami, M. Sébastien Cornu ; sûr
alors de lui-même, son talent eût largement suffi à ce qui
couronne la vie de l'artiste : l'œuvre acclamée.

Cette assurance d'un succès prochain apparaît clairement
lorsque l'on considère ses deux dernières œuvres de la Nativité de la Vierge et de l'Enfance de Jésus. Mais cette assurance devient une conviction lorsqu'on rapproche de ses
tableaux les nombreuses études accumulées par son infatigable crayon. Le goût, le sentiment, l'habileté non moins
que la grâce, la grandeur ou l'expression, éclatent dans la
plupart de ses dessins. On comprend, en présence de ces
matériaux, dont la valeur artistique est considérable, quel
essor pouvait prendre, à un moment donné, l'intelligence
dont le patient labeur avait accumulé tant de richesses,
tant de savoir, et développé avec habileté tant de types et
d'études sévères de la nature. Cette partie de son œuvre fait
preuve, chez l'artiste, d'une constance, d'une persévérance à
toute épreuve ; elle est le témoignage d'une vie toute de
labeur et de courage.

Hélas ! cette existence si bien remplie par le travail ne put
suffire qu'avec peine aux exigences de la vie d'artiste. Vaincu
par la terrible maladie contre laquelle il a lutté plus d'un an
avec courage, il n'a pu emporter cette consolation suprême
d'assurer l'humble avenir d'une veuve et de deux enfants.
Son œuvre même est menacée d'un anéantissement qu'espè-
rent toutefois éviter sa famille et le dévouement de quelques
amis.

Comme une compensation, cependant, à cette infortune,
l'auguste Impératrice des Français, qu'on trouve toujours
sympathique au malheur, a couvert spontanément la famille
de l'artiste. Depuis plusieurs années déjà la faveur de l'Etat
s'était étendue sur l'aîné de ses fils, et peut-être sa protection
pourra aussi favoriser le plus jeune.

Nous avons dit ce que fut l'artiste ; mais au-dessus de

l'homme de talent, il y avait le croyant, le catholique fervent et convaincu, parce qu'il n'avait voulu accepter du savoir que ce qui suffit pour éclairer la foi. Il vit venir à lui la mort, résigné à la volonté divine ; mais sans abandonner un instant ce pinceau qu'il avait voué aux splendeurs du catholicisme, aux gloires de la Divinité ; dévoré, comme son divin maître, de l'ardent amour de l'humanité, il a fait le bien autant qu'il a pu, et le malheur a toujours reçu de lui sympathie et consolation, quand il n'a pu y joindre le dévouement utile. Ame d'élite, il est resté ferme en ses croyances dans ce siècle de doute, et prêt à paraître devant Dieu, sûr de sa récompense comme le bon ouvrier de la dernière heure.

Pour l'homme privé, il n'est pas un seul de ceux auxquels parviendra cet écrit, qui ne puisse joindre au nom de l'artiste une des vertus de l'homme de bien, une des qualités de l'honnête homme. Sans savoir faire, sans aucun éclat de la réputation, sans autre influence que son amour du prochain, il avait su conquérir autour de lui estime et considération. Dans le salon de la richesse comme dans l'atelier du travail, sa présence fut toujours bien venue. Sympathique à tous les gens de bien, il n'accorda lui-même ni estime ni amitié qu'à ceux dont il put apprécier les qualités.

Sa famille se devait à elle-même de retracer à grands traits cette vie si bien remplie ; à défaut de la gloire qu'il n'a pu atteindre, elle désire que ses nombreux amis puissent s'honorer dans celui qui n'est plus. Ces pages n'ont d'autre but que de rappeler à ceux qui l'ont connu quels titres il avait à leur estime comme homme privé, comme personnalité artistique, et le peu qui lui survit aura sans doute plus de valeur aux mains qui le possèdent.

E. A. G.